petits pratiques
cuisine

CW01465638

Ma cuisine du soleil

Cyril Lignac

Photographies et stylisme des recettes : Natacha Nikouline

Avec la collaboration de Philips

HACHETTE
Pratique

Sommaire

Signification des symboles

★ très facile
★★ facile
★★★ difficile

€ bon marché
€€ raisonnable
€€€ cher

Ma petite collection rien que pour vous...

Parce qu'il est temps de sortir des clichés qui opposent cuisine de chef et cuisine de tous les jours, j'ai décidé de vous donner le meilleur de mes recettes. La collection Petits Pratiques Hachette, qui marie depuis longtemps le beau et le bon, va mettre tous mes secrets à votre portée.

En effet, moi aussi je fais la cuisine au quotidien, moi aussi je suis accro au chocolat, nostalgique des tartes Tatin de ma grand-mère ou des purées de mon enfance, alors pourquoi garder pour moi des secrets de cuisine que vous pouvez aussi faire chez vous ?

Que ce soit au retour du marché, en repas express ou pour les enfants, toutes les occasions sont bonnes pour se mettre en cuisine et régaler ses invités. Pas besoin d'être un chef pour cela, il suffit de suivre mes conseils...

J'ai donc imaginé pour vous des recettes hyper simples, expliquées en détail et toujours illustrées, pour vous donner des idées de présentation originales qui feront de l'effet. Dans chaque recette, je vous propose mes trucs et mes astuces de chef pour bien choisir vos produits, faire les bons gestes ou ne pas rater l'étape cruciale de la cuisson : bref, tout ce qui vous aidera à réussir vos recettes à tous les coups !

Faites-moi confiance et relevez vos manches : on va se régaler !

Cyril Lignac

classiques de la cuisine aveyronnaise

Aligot

Pour **4 personnes** | Préparation **30 minutes** | Cuisson **40 minutes**
Difficulté ★ | Coût €

- 1 kg de pommes de terre bintje
- 1 gousse d'ail
- 400 g de tome fraîche
- 20 cl de crème fraîche épaisse
- 100 g de beurre
- Sel, poivre

Matériel

- 1 presse-purée

1 Pelez les pommes de terre et coupez-les en gros morceaux. Faites-les cuire dans de l'eau bouillante jusqu'à ce que la pointe d'un couteau pénètre facilement leur chair.

2 Pendant la cuisson, coupez la tome dans la longueur ou dans la largeur en tranches très fines. Épluchez et écrasez l'ail.

3 Égouttez les pommes de terre et passez-les au presse-purée. Si vous n'en avez pas, écrasez-les à l'aide d'une fourchette. Ajoutez le beurre, l'ail et la crème et mélangez avec une cuillère en bois.

4 Faites chauffer la purée ainsi obtenue à feu doux. Ajoutez la tome. Mélangez à nouveau jusqu'à ce que l'aligot se mette à filer. Salez, poivrez et servez immédiatement.

Les conseils de Cyril
Vous pouvez servir l'aligot avec des saucisses grillées ou une bonne viande rouge et le décorer de ciboulette et de roquette.

Tourte au roquefort

Pour **4 personnes** | Préparation **20 minutes** | Cuisson **35 minutes**
Difficulté ★ | Coût €

- 2 rouleaux de pâte brisée
- 2 œufs entiers + 1 jaune
- 250 g de roquefort
- 20 cl de crème fraîche épaisse
- Sel, poivre

1 Préchauffez le four à 180 °C (th. 6). Coupez le roquefort en petits morceaux. Mélangez les 2 œufs entiers, la crème et le roquefort dans un saladier. Salez et poivrez à votre convenance.

2 Étalez le premier rouleau de pâte dans un moule antiadhésif. Piquez le fond de la pâte avec une fourchette. Versez-y la crème au roquefort et répartissez-la de façon homogène.

3 Posez le deuxième rouleau de pâte par-dessus. Veillez à ce que la tourte soit bien fermée. Badigeonnez-la avec le jaune d'œuf. Enfournez et laissez-la cuire 35 min à mi-hauteur du four. Dégustez aussitôt.

Le conseil de Cyril
Vous pouvez ajouter quelques noix concassées dans la crème au roquefort.

Pascade

Pour **4 personnes** | Préparation **10 minutes** | Repos **1 heure** | Cuisson **8 minutes**
Difficulté ★ | Coût €

- 3 œufs
- 20 cl de lait
- 150 g de farine
- Huile
- Sel, poivre

1 Mélangez la farine et les œufs, puis ajoutez progressivement le lait pour obtenir une pâte à crêpes un peu épaisse. Salez et poivrez. Laissez-la reposer 1 h au réfrigérateur.

2 Faites chauffer un peu d'huile à feu vif dans une poêle antiadhésive. Versez la pâte et faites-la dorer 3 à 4 min de chaque côté. Servez-la bien chaude.

Les conseils de Cyril

Vous pouvez garnir la pascade d'oignons grossièrement hachés ou de lardons rissolés et l'accompagner d'une salade.
Vous pouvez également ajouter à la pâte non cuite de la ciboulette, du persil ou toutes autres herbes.

Farçou

Pour **4 personnes** | Préparation **30 minutes** | Cuisson **45 minutes**
Difficulté ★ | Coût €

- 100 g de chair à saucisse
- 4 œufs
- 5 feuilles de blettes
- 1 oignon
- 1 gousse d'ail
- 20 cl de lait
- 12 pruneaux dénoyautés
- 100 g de farine
- Huile
- Sel, poivre

1 Préchauffez le four à 180 °C (th. 6). Émincez finement les feuilles de blettes et faites-les blanchir quelques secondes dans de l'eau bouillante.

2 Pelez l'ail et l'oignon. Hachez-les grossièrement ainsi que les pruneaux. Mélangez les blettes, la chair à saucisse, l'ail, l'oignon et les pruneaux. Salez et poivrez.

3 Incorporez les œufs, la farine et le lait à ce mélange pour obtenir une pâte assez épaisse. Huilez un moule antiadhésif et versez-y la pâte. Mettez le plat au four pendant 45 min.

Le conseil de Cyril

Vous pouvez remplacer les feuilles de blettes par des épinards.

Gâteau aux noix

Pour **4 personnes** | Préparation **15 minutes** | Cuisson **40 minutes**
Difficulté ★ | Coût €

- 120 g de cerneaux de noix
- 3 œufs
- 100 g de beurre mou + un peu pour le moule
- 1 sachet de levure
- 1 sachet de sucre vanillé
- 125 g de farine
- 110 g de sucre en poudre

1 Préchauffez le four à 180 °C (th. 6). Sortez le beurre du réfrigérateur pour qu'il soit plus facile à malaxer. Concassez grossièrement les cerneaux de noix dans un bol.

2 Beurrez un moule de taille moyenne. Mélangez tous les ingrédients à l'exception des cerneaux de noix. Lorsque la pâte est bien lisse, ajoutez-les. Versez la pâte dans le moule. Enfournez et laissez cuire 40 min.

Le conseil de Cyril
Vous pouvez remplacer le sucre blanc par de la cassonade pour relever le goût.

Fouace

Pour **4 personnes** | Préparation **30 minutes** | Repos **4 heures** | Cuisson **30 minutes**
Difficulté ★★ | Coût €

- 75 g de fruits confits
- 3 œufs
- 5 cl de lait
- 100 g de beurre mou + un peu pour la plaque
- 1 cuil. à soupe d'eau de fleur d'oranger
- 10 g de levure de boulanger
- 250 g de farine
- 75 g de sucre
- Sel

Matériel

- 1 plaque pâtissière
- Linge

1 Faites tiédir le lait dans une casserole. Diluez la levure dans le lait tiède. Mélangez cette préparation avec 2 œufs, la farine, le sucre, l'eau de fleur d'oranger et 1 pincée de sel.

2 Ajoutez ensuite le beurre et pétrissez le tout à la main jusqu'à ce que la pâte soit homogène et légère. Formez une couronne avec la pâte. Posez-la sur une plaque à pâtisserie que vous aurez préalablement beurrée.

3 Coupez les fruits confits en fines lanières et répartissez-les sur la couronne. Laissez monter la pâte pendant 4 h sous un linge dans un endroit tiède.

4 Préchauffez le four à 210 °C (th. 7). Battez l'œuf restant et badigeonnez-en la fouace. Enfournez-la pendant environ 30 min, jusqu'à ce qu'elle soit bien dorée.

Le conseil de Cyril

Veillez à ce que le lait ne soit pas trop chaud, auquel cas la fouace ne lèverait pas.

entrées
toutes en couleurs

Poivrons marinés au gingembre

Pour **4 personnes** | Préparation **15 minutes** | Cuisson **30 minutes** | Repos **2 heures**
Difficulté ★ | Coût €

- 2 poivrons rouges
- 1 morceau de gingembre frais de la taille d'un pouce
- 1 gousse d'ail
- 5 cl d'huile d'olive
- Sel, poivre

Matériel

- 1 sac plastique
- 1 mixeur

1 Faites chauffer le gril du four. Posez les poivrons entiers dans un plat et mettez-le au milieu du four. Dès que la peau des poivrons commence à noircir et à gonfler, tournez-les.

2 Lorsque toute la peau des poivrons est cloquée, sortez-les du four et enfermez-les dans un sac en plastique, leur peau se détachera ainsi plus facilement.

3 Pelez et hachez très finement le gingembre et l'ail. Vous pouvez les passer au mixeur. Mélangez avec l'huile d'olive et laissez mariner.

4 Sortez les poivrons du sac quand ils sont tièdes. Retirez leur peau. Coupez-les en deux et enlevez les pédoncules, les graines et les membranes blanches. Coupez la chair en lanières.

5 Étalez les poivrons dans un plat. Salez et poivrez-les. Arrosez-les du mélange d'huile d'olive, de gingembre et d'ail. Mélangez bien et mettez-les au frais au moins 2 h.

Le conseil de Cyril
Vous pouvez ajouter à la marinade un peu de vinaigre ou bien du cumin ou de la coriandre, façon Maroc.

Tartes fines aux tomates confites

Pour **4 personnes** | Préparation **20 minutes** | Cuisson **1 heure**
Difficulté ★ | Coût €

- 1 rouleau de pâte feuilletée
- 6 tomates
- 4 brins de thym
- 4 feuilles de basilic
- 1 cuil. à soupe de sucre
- 3 cuil. à soupe d'huile d'olive
- Sel, poivre

Matériel

- Plaque antiadhésive ou papier sulfurisé

1 Préchauffez le four à 180 °C (th. 6). Coupez les tomates en quatre quartiers et épépinez-les. Étalez-les, peau vers le fond, sur une plaque antiadhésive ou du papier sulfurisé. Arrosez les pétales de tomate avec l'huile d'olive et saupoudrez-les de sucre et de sel. Effeuillez le thym et parsemez ses feuilles sur les tomates. Enfournez la plaque pendant 30 min.

2 Pendant ce temps, découpez quatre disques dans la pâte feuilletée. Laissez-les sur le papier qui a servi à les emballer. Piquez-les à la fourchette.

3 Une fois cuits, répartissez les pétales de tomates confites sur les disques. Enfournez les tartelettes et laissez-les cuire 30 min. Décorez-les avec les feuilles de basilic.

Le conseil de Cyril

Au moment de les servir, vous pouvez arroser les tartes d'un peu de vinaigre balsamique, que vous aurez fait chauffer sur feu vif et réduire de moitié.

Artichauts poivrade en barigoule

Pour **4 personnes** | Préparation **30 minutes** | Cuisson **35 minutes**
Difficulté ★★ | Coût €

- 100 g de poitrine fumée
- 12 artichauts poivrade
- 1 carotte
- 1 oignon
- 4 gousses d'ail
- 20 cl de vin blanc
- 4 cuil. à soupe d'huile d'olive
- Sel, poivre

1 Épluchez les pieds des artichauts. Retirez leurs feuilles extérieures. Coupez-les en deux et ôtez le foin. Pelez et émincez l'oignon. Pelez et hachez les gousses d'ail. Pelez la carotte et coupez-la en dés.

2 Réduisez la poitrine fumée en lardons. Faites-les blanchir 1 min dans de l'eau bouillante. Faites chauffer de l'huile d'olive dans une cocotte et faites revenir les oignons et les lardons quelques minutes.

3 Ajoutez ensuite, dans la cocotte, tous les autres ingrédients. Versez un peu d'eau, salez et poivrez. Couvrez la cocotte, baissez le feu et laissez cuire pendant 30 min, en ajoutant de l'eau si nécessaire pour que les légumes n'attachent pas.

Le conseil de Cyril
Vous pouvez agrémenter ce plat d'un peu de thym ou de basilic frais.

Anchoïade et tapenade

Pour **4 personnes** | Préparation **20 minutes**
Difficulté ★ | Coût €

Pour l'anchoïade

- 200 g de filets d'anchois à l'huile
- 2 gousses d'ail
- 15 cl d'huile d'olive
- 1 cuil. à café de vinaigre

Pour la tapenade

- 8 filets d'anchois (ou une petite boîte de thon nature, pour une version plus douce)
- 1/2 citron
- 2 gousses d'ail
- 200 g d'olives noires dénoyautées
- 2 cuil. à soupe de câpres au vinaigre
- 15 cl d'huile d'olive

Matériel

- 1 mortier
- 1 mixeur

1 Pour préparer l'anchoïade, pelez les gousses d'ail et coupez-les en deux. Mettez les filets d'anchois dans un mortier, avec les gousses d'ail. Pilez le tout pour obtenir une pâte assez lisse. Ajoutez le vinaigre, puis l'huile d'olive en filet jusqu'à obtenir une pâte qui puisse se tartiner. Pour une version plus rapide vous pouvez préparer l'anchoïade au mixeur.

2 Pour préparer la tapenade, pelez les gousses d'ail et coupez-les en deux. Pressez le citron. Mettez tous les ingrédients sauf l'huile dans un robot. Mixez le tout. Ajoutez l'huile d'olive en filet jusqu'à obtenir une pâte qui puisse se tartiner.

Les conseils de Cyril

Vous pouvez déguster l'anchoïade ou la tapenade en apéritif sur du pain grillé, mais aussi les servir en accompagnement de poissons grillés, pâtes ou tartes salées...

Mozzarella croustillante en salade

Pour **4 personnes** | Préparation **15 minutes** | Cuisson **5 minutes**
Difficulté ★ | Coût €

- 2 boules de mozzarella di Bufala
- 1 œuf
- 20 gressins nature
- 100 g de mesclun ou de roquette
- 8 cuil. à soupe d'huile d'olive
- 2 cuil. à soupe de vinaigre balsamique
- Sel, poivre

Matériel

- 1 mixeur

1 Versez 6 cuillerées à soupe d'huile d'olive et le vinaigre balsamique sur la salade et mélangez-la. Battez l'œuf, à l'aide d'une fourchette, dans un bol. Écrasez ou mixez les gressins pour obtenir une chapelure grossière et versez-la dans un troisième plat.

2 Coupez chaque boule de mozzarella en quatre grosses tranches. Salez et poivrez-les. Passez les tranches de mozzarella dans l'œuf, puis dans la chapelure. Répartissez la salade sur quatre assiettes.

3 Faites chauffer les 2 cuillerées à soupe d'huile d'olive restantes, à feu moyen, dans une grande poêle antiadhésive. Posez-y les tranches de mozzarella. Laissez-les dorer 1 à 2 min, puis retournez les délicatement pour les faire cuire de l'autre côté. Quand la mozzarella est dorée et fondue, répartissez-la sur la salade. Dégustez immédiatement.

Le conseil de Cyril
Vous pouvez remplacer les gressins par de la chapelure.

Salade de melon aux crevettes

Pour **4 personnes** | Préparation **20 minutes**
Difficulté ★ | Coût €

- 20 grosses crevettes roses cuites et décortiquées
- 2 melons
- 8 feuilles de menthe
- 1 petit oignon blanc frais
- 200 g de feta
- 6 cuil. à soupe d'huile d'olive
- 2 cuil. à soupe de vinaigre de Xérès
- Sel, poivre

1 Coupez les melons en quartiers, enlevez les graines et retirez leur peau. Tranchez la chair des melons en fines tranches. Coupez la feta en dés et les feuilles de menthe en fines lanières. Pelez l'oignon et émincez-le finement

2 Mélangez l'huile, le vinaigre et le sel dans un saladier. Poivrez cette vinaigrette. Dans le saladier, ajoutez tous les ingrédients sauf les crevettes et la feta. Mélangez bien.

3 Répartissez la salade dans les assiettes et déposez les crevettes et la feta par-dessus.

Le conseil de Cyril
Vous pouvez préparer cette recette avec du jambon de Parme à la place des crevettes.

Croustillants aux oignons et aux anchois

Pour **4 personnes** | Préparation **30 minutes** | Cuisson **25 minutes**
Difficulté ★ | Coût €

- 24 filets d'anchois frais marinés
- 8 feuilles de brick
- 8 brins de persil plat
- 3 oignons
- 4 cuil. à soupe de fromage frais
- 4 cuil. à soupe d'huile d'olive
- Sel, poivre

1 Préchauffez le four à 180 °C (th. 6). Pelez les oignons et émincez-les. Faites chauffer 2 cuillerées à soupe d'huile d'olive à feu moyen, dans une poêle. Une fois la poêle chaude, faites revenir les oignons 15 min, jusqu'à ce qu'ils soient bien mous et transparents. Salez-les.

2 Effeuillez le persil et coupez-le en lanières. Mélangez-le avec les oignons cuits et le fromage frais.

3 Coupez des carrés dans les feuilles de brick, puis coupez chaque carré en trois bandes. Badigeonnez-les avec l'huile d'olive restante.

4 Posez 1 cuillerée d'oignons cuits à l'extrémité de chaque bande de pâte et disposez un anchois dessus. Roulez les bandes de pâte pour obtenir des rouleaux assez serrés. Posez-les dans un plat allant au four et faites-les cuire 10 min.

Le conseil de Cyril

Vous pouvez aussi préparer cette recette avec des anchois en conserve, dans ce cas ne salez pas trop les oignons.

plats
tout en saveurs

Poulet à la tomate et aux citrons confits

Pour **4 personnes** | Préparation **20 minutes** | Cuisson **1 heure 20**
Difficulté ★ | Coût €€

- 1 poulet fermier coupé en morceaux
- 2 oignons
- 4 citrons confits
- 1 boîte de tomates pelées d'environ 500 g
- 25 cl de vin blanc sec
- Huile d'olive
- Sel, poivre

1 Faites chauffer de l'huile d'olive à feu vif dans une cocotte. Mettez-y les morceaux de poulet et faites-les bien dorer sur les deux faces. Faites-le en plusieurs fois si nécessaire. Retirez-les de la cocotte. Videz le gras. Baissez le feu à feu moyen.

2 Pelez les oignons et émincez-les. Ajoutez-les avec un peu d'huile d'olive dans la cocotte. Salez-les. Faites-les cuire 10 min en remuant de temps en temps.

3 Pendant ce temps, coupez les citrons en petits dés. Égouttez les tomates et coupez-les en morceaux.

4 Au bout des 10 min, remettez les morceaux de poulet dans la cocotte avec les citrons, le vin blanc et les tomates. Salez et poivrez. Portez à ébullition, puis baissez le feu et faites cuire le tout à petits bouillons pendant 1 h.

Le conseil de Cyril
Vous pouvez servir ce plat avec des tagliatelles au parmesan.

Tian de légumes au thym

Pour **4 personnes** | Préparation **30 minutes** | Cuisson **45 minutes**
Difficulté ★ | Coût €

- 1 aubergine
- 2 courgettes
- 4 tomates
- 8 brins de thym frais
- 2 oignons
- 2 gousses d'ail
- Huile d'olive
- Sel, poivre

Matériel

- Plat à gratin

1 Préchauffez le four à 210 °C (th. 7). Coupez l'aubergine, les courgettes et les tomates en tranches. Pelez les oignons et coupez-les en tranches également.

2 Huilez un plat à gratin. Alternez les tranches de légumes à la verticale dans le plat. Salez et poivrez-les.

3 Effeuillez le thym. Pelez et écrasez les gousses d'ail. Parsemez le thym et l'ail sur les légumes. Arrosez-les d'un filet d'huile d'olive. Enfournez le plat et laissez cuire 45 min.

Le conseil de Cyril
Vous pouvez accompagner le tian de jambon de pays.

Thon grillé aux poivrons et au vinaigre balsamique

Pour **4 personnes** | Préparation **15 minutes** | Cuisson **10 minutes**
Difficulté ★ | Coût €€

- 4 pavés de thon rouge sans peau
- 1 bocal de poivrons marinés
- 1 pincée de piment d'Espelette
- 4 cuil. à soupe de vinaigre balsamique
- 2 cuil. à soupe d'huile d'olive
- Sel

Matériel

- 1 mixeur
- 1 barbecue ou 1 poêle antiadhésive

1 Égouttez et mixez les poivrons avec 2 cuillerées à soupe de l'huile dans laquelle ils ont mariné, le vinaigre balsamique, le piment et du sel. Mettez cette sauce à chauffer à feu doux dans une casserole.

2 Faites chauffer le barbecue ou une grande poêle antiadhésive. Badigeonnez les pavés de thon de tous les côtés avec de l'huile d'olive. Salez-les.

3 Grillez-les 2 à 4 min par côté, selon l'épaisseur des pavés. Pour garder leur moelleux, ils doivent rester rosés. Servez-les avec la sauce.

Le conseil de Cyril
Vous pouvez préparer le saumon ou le cabillaud de la même façon.

Lasagnes à la ricotta et aux blettes

Pour **4 personnes** | Préparation **30 minutes** | Cuisson **45 minutes**
Difficulté ★★ | Coût €

- 300 g de feuilles de lasagne (de quoi couvrir 3 fois le plat)
- 1 botte de blettes
- 2 échalotes
- 1 pincée de noix muscade râpée
- 200 g de ricotta
- 50 g d'emmental râpé
- 75 cl de lait
- 95 g de beurre
- 75 g de farine
- Sel, poivre

Matériel

- Linge
- 1 plat à gratin

1 Préchauffez le four à 180 °C (th. 6). Faites cuire les lasagnes pendant le temps indiqué sur le paquet. Égouttez-les sur un linge.

2 Faites fondre 75 g de beurre dans une casserole. Ajoutez la farine et faites cuire pendant 2 min à feu doux en remuant constamment. Retirez la casserole du feu et versez-y le lait bien froid. Faites cuire sur feu doux en remuant jusqu'à ce que la sauce épaississe. Comptez environ 7 à 12 min. Quand la sauce a épaissi, ajoutez la ricotta et la muscade. Mélangez. Salez et poivrez.

3 Effeuillez les blettes. Émincez leurs feuilles. Pelez et émincez les échalotes. Faites fondre les 20 g de beurre restant dans une casserole. Faites y revenir les échalotes 3 min, puis ajoutez les blettes et continuez la cuisson encore 3 min. Mélangez les blettes avec la sauce à la ricotta.

4 Répartissez une première couche de lasagnes dans le plat à gratin. Versez un quart du mélange aux blettes par-dessus. Recouvrez avec des feuilles de lasagne, puis versez une couche de mélange et ainsi de suite en terminant avec une couche de mélange aux blettes. Parsemez le tout d'emmental râpé. Enfournez et laissez cuire 30 min. Terminez par 2 à 3 min de cuisson sous le gril, pour que le fromage soit bien gratiné.

Le conseil de Cyril

Vous pouvez remplacer la ricotta par de la brousse ou du chèvre frais.

Daurade au fenouil et aux olives

Pour **4 personnes** | Préparation **20 minutes** | Cuisson **25 minutes**
Difficulté ★ | Coût €€

- 4 petites daurades grattées et vidées
- 2 bulbes de fenouil
- 1 citron
- 1 poignée d'olives vertes dénoyautées
- 4 cuil. à soupe d'huile d'olive
- Sel, poivre

1 Préchauffez le four à 180 °C (th. 6). Coupez les extrémités des bulbes de fenouil. Conservez les pluches. Émincez très finement les bulbes.

2 Hachez grossièrement les olives. Zestez et pressez le citron. Étalez le fenouil dans un plat allant au four assez grand pour contenir les daurades. Répartissez les olives et les zestes de citron sur le fenouil. Salez et poivrez. Arrosez avec le jus de citron et l'huile d'olive.

3 Salez et poivrez les daurades à l'intérieur et à l'extérieur. Farcissez-les avec les pluches de fenouil. Posez-les dans le plat sur le fenouil, les olives et les zestes de citron. Mettez le tout au four et laissez cuire 25 min. Retournez les poissons à mi-cuisson.

Le conseil de Cyril
Vous pouvez remplacer les olives hachées par un peu de tapenade.

Spaghettis au pesto de roquette

Pour **4 personnes** | Préparation **10 minutes** | Cuisson **15 minutes**
Difficulté ★ | Coût €

- 350 g de spaghettis
- 150 g de roquette
- 2 gousses d'ail
- 50 g de parmesan en morceau ou râpé
- 25 g de pignons de pin
- 10 cl d'huile d'olive
- Sel, poivre

Matériel

- 1 mixeur

1 Faites cuire les spaghettis dans une grande quantité d'eau salée pendant le temps indiqué sur le paquet.

2 Pendant ce temps, faites dorer les pignons de pin dans une poêle sans matière grasse. Pelez les gousses d'ail.

3 Mettez la roquette, l'ail, le parmesan et les pignons de pin dans un mixeur. Mixez-les en ajoutant petit à petit l'huile d'olive. Salez et poivrez à votre goût le pesto ainsi obtenu.

4 Égouttez les pâtes. Reversez-les dans la casserole encore chaude. Mettez le pesto de roquette sur les pâtes et mélangez bien. Servez immédiatement.

Le conseil de Cyril
Pensez à garder quelques feuilles de roquette pour la décoration.

Aubergines farcies

Pour **4 personnes** | Préparation **20 minutes** | Cuisson **1 heure**
Difficulté ★ | Coût €€

- 300 g de gigot d'agneau
- 4 aubergines
- 8 feuilles de menthe
- 2 oignons
- 2 gousses d'ail
- 200 g de chèvre frais
- 4 cuil. à soupe de concentré de tomates
- 1 cuil. à café de cannelle
- 1 cuil. à café de piment d'Espelette
- 2 cuil. à soupe d'huile d'olive
- Sel, poivre

Matériel

- 1 mixeur

1 Préchauffez le four à 180 °C (th. 6). Coupez les aubergines en deux dans le sens de la longueur. Entaillez leur chair en croisillons avec un couteau. Badigeonnez-les avec de l'huile d'olive. Mettez-les sur une plaque allant au four et laissez cuire 30 min.

2 Pendant la cuisson des aubergines, pelez les gousses d'ail et les oignons. Hachez la viande d'agneau dans un robot avec l'ail, l'oignon et la menthe. Mélangez ce hachis avec le chèvre frais, le concentré de tomates, la cannelle, le piment d'Espelette, du sel et du poivre.

3 Sortez les aubergines du four. Récupérez leur chair en laissant une épaisseur suffisante pour les farcir. Mélangez cette chair dans le hachis. Remplissez les demi aubergines avec le hachis. Remettez-les au four pour 30 min de cuisson.

Le conseil de Cyril

Vous pouvez ajouter des pignons de pin dans la farce.

desserts tout en douceur

Tartelettes aux figues et au miel

Pour **4 personnes** | Préparation **15 minutes** | Cuisson **25 minutes**
Difficulté ★ | Coût €

- 1 rouleau de pâte feuilletée
- 600 g de figues fraîches
- 20 g de beurre
- 4 cuil. à soupe de miel liquide

1 Préchauffez le four à 200 °C (th. 6-7). Laissez la pâte feuilletée sur la feuille qui a servi à l'emballer. Étalez-la sur une plaque allant au four. Coupez quatre disques dans la pâte feuilletée et laissez-les sur le papier. Piquez-les avec une fourchette.

2 Coupez les figues en tranches épaisses. Disposez-les harmonieusement sur les disques de pâte.

3 Coupez le beurre en copeaux et répartissez-les sur les figues. Arrosez-les avec du miel. Faites cuire les tartelettes 25 min au four. Servez tiède ou froid.

Les conseils de Cyril

Vous pouvez saupoudrer les tartelettes d'un peu de cannelle en poudre et accompagner ce dessert d'une boule de glace vanille.

Tarte au citron de Menton

Pour **6 personnes** | Préparation **30 minutes** | Repos **1 heure** | Cuisson **25 minutes**
Difficulté ★ | Coût €

Pour la pâte

- 1 œuf
- 125 g de beurre + un peu pour le moule
- 250 g de farine + un peu pour le moule
- 50 g de sucre
- 1 pincée de sel

Pour la garniture

- 4 œufs
- 4 citrons de Menton
- 125 g de beurre mou
- 125 g de sucre
- 1 pincée de sel

Matériel

- Film alimentaire
- 1 batteur électrique

1 Pour préparer la pâte à tarte, mélangez tous ses ingrédients avec vos mains. Ajoutez un peu d'eau pour lier si nécessaire. Roulez la pâte en boule, enveloppez-la dans du film alimentaire et laissez-la reposer 1 h au réfrigérateur.

2 Préchauffez le four à 200 °C (th. 6-7). Beurrez et farinez un moule à tarte. Étalez la pâte et posez-la dans le moule. Piquez-la avec une fourchette et faites-la cuire pendant 10 min.

3 Séparez les blancs des jaunes d'œuf. Fouettez les jaunes avec le sucre, jusqu'à ce que le mélange devienne jaune pâle et mousseux. Ajoutez le beurre mou et continuez à fouetter. Pressez les citrons. Versez le jus dans le mélange contenant les jaunes d'œuf, le sucre et le beurre.

4 Faites monter les blancs d'œuf en neige avec 1 pincée de sel. Une fois qu'ils sont bien fermes, incorporez rapidement un quart des blancs montés au mélange, puis incorporez délicatement le reste. Versez cette garniture sur la pâte. Enfournez pendant 15 min.

Les conseils de Cyril

Vous pouvez décorer la tarte avec des zestes de citron, blanchis 1 à 2 min dans de l'eau bouillante.

Abricots rôtis au thym

Pour **4 personnes** | Préparation **10 minutes** | Cuisson **15 minutes**
Difficulté ★ | Coût €

- 12 abricots
- 4 brins de thym
- 4 cuil. à soupe de sucre roux
- 2 noix de beurre

1 Préchauffez le four à 180 °C (th. 6). Rincez les abricots. Puis coupez-les en quatre et retirez leur noyau. Posez-les dans un plat allant au four, la chair des abricots tournée vers le haut du four.

2 Effeuillez le thym. Saupoudrez les abricots de thym, de sucre et de lamelles de beurre. Enfournez-les pendant 15 min.

Le conseil de Cyril
Vous pouvez les accompagner de sorbet ou de glace à la vanille et éclats de calisson.

Panna cotta à la vanille et coulis de framboises

Pour **4 personnes** | Préparation **15 minutes** | Cuisson **5 minutes**
Difficulté ★ | Coût €

- 250 g de framboises fraîches
- 1 gousse de vanille
- 40 cl de crème liquide
- 50 g de sucre glace
- 50 g de sucre
- 2 feuilles de gélatine

Matériel

- 1 mixeur

1 Faites tremper les feuilles de gélatine dans de l'eau froide. Fendez la gousse de vanille et récupérez les graines.

2 Faites chauffer la crème avec 50 g de sucre, la gousse de vanille fendue et les graines. Quand le mélange frémit, retirez-le du feu et ôtez la gousse de vanille. Ajoutez les feuilles de gélatine et mélangez bien jusqu'à ce qu'elles soient fondues. Versez cette crème dans des verres et mettez-les au frais.

3 Mixez les framboises avec 50 g de sucre glace. Au moment de servir, versez le coulis sur les crèmes.

Le conseil de Cyril
Vous pouvez garder quelques framboises entières pour la décoration.

Crumble de pêches aux amandes

Pour **4 personnes** | Préparation **20 minutes** | Cuisson **30 minutes**
Difficulté ★ | Coût €

- 6 pêches jaunes ou blanches
- 80 g de beurre demi-sel
- 100 g de poudre d'amandes
- 4 cuil. à soupe de miel
- 60 g de farine
- 80 g de sucre roux

1 Préchauffez le four à 180 °C (th. 6). Pelez les pêches. Coupez leur chair en dés. Disposez-les dans un plat allant au four. Versez le miel par-dessus et mélangez.

2 Coupez le beurre en petits dés. Mettez-les dans un bol avec la farine, le sucre et la poudre d'amandes. Malaxez le tout avec le bout des doigts pour obtenir une pâte grossière.

3 Répartissez-la sur les pêches et le miel. Enfournez le plat et laissez cuire 30 min.

Le conseil de Cyril

Vous pouvez accompagner ce crumble de crème fraîche mélangée avec du mascarpone.

3びきのお医《い》者《しゃ》さん

杉山 亮・作　大矢 正和・絵

1

広々とした高原がありました。

春はカラマツの新芽《しんめ》がふき、夏はみどりの草におおわれ、秋はツタウルシが紅葉《こうよう》し、冬ははてしない雪野原が広がる、一年中きれいなところなので、いつもおおぜいの人でにぎわっていました。

ある年の春、その高原の一角に、赤い三角屋根《やね》に木のデッキのある、小さな家がたてられました。

とてもおしゃれな家なので、地元の人たちは「いったい、どんな人がひっこしてくるんだろう?」と、うわさしていました。

すると、木々がみどりになった五月のある日、その家の前に黒ぬりの大きな車が乗《の》りつけられました。

運転《うんてん》をしていた白髪《はくはつ》のおじいさんが先におりて、うしろのドアをあけると、中から小柄《こがら》なおばあさんがおりてきました。

つばの広いぼうしに、花柄《はながら》のワンピースをきて、しんじゅのネックレスをつけ、フリルのついた洋《よう》がさをステッキがわりにもっていました。

おばあさんの名は、水田《みずた》マリといいました。

マリさんは、にこにこしながら家を見回してから、ゆっくりと中に入りました。

台所《だいどころ》には、なべやフライパンがおいてあって、今すぐにでも、ごはんが作れるようになっていました。

おくには寝室《しんしつ》があり、質素《しっそ》なベッドがおいてあります。

居間《いま》のかべには、大きなまきストーブがそなえつけられ、テーブルの上には電話とラジオ、そして、ピーナッツを入れた大きなビンがおいてありました。


マリさんは、ピーナッツがすきでした。

それもいっぺんにたくさん口に入れて、モグモグほおばって食べるのが大すきでした。

先週など、
ちょうど口に入れたところで
鼻《はな》がむずがゆくなって
くしゃみをしたら、
たくさんのピーナッツが
いきおいよくとびだして、
かべに当たってはねかえり、
顔のあちこちを直撃《ちょくげき》して、
ほんとうにいたい目に
あったのでした。

さて、マリさんはひと通り、家の中を見て回ると、デッキのベンチに腰《こし》をおろしてボソッといいました。

「息子《むすこ》が家をたててくれるといっても、大きすぎたらこまると思っていたけど、これくらいならいいわ。わたしはもう、ぜいたくはしないことにしたんだから。お手伝《てつだ》いさんがいなくても、料理《りょうり》もそうじも自分ですればいいんだしね。

……あ、そうだ。中村《なかむら》さん、部屋《へや》は気に入ったかしら？」

すると、運転手《うんてんしゅ》のおじいさんが玄関《げんかん》わきの部屋《へや》から小走りにでてきて、大声でいいました。

「わたしの部屋《へや》まで用意《ようい》していただき、ありがとうございます。運転手《うんてんしゅ》兼《けん》ボディガードとして、おくさまのことをおまもりするようにと、ぼっちゃまからいわれております。いっしょうけんめい、つとめさせていただきます」

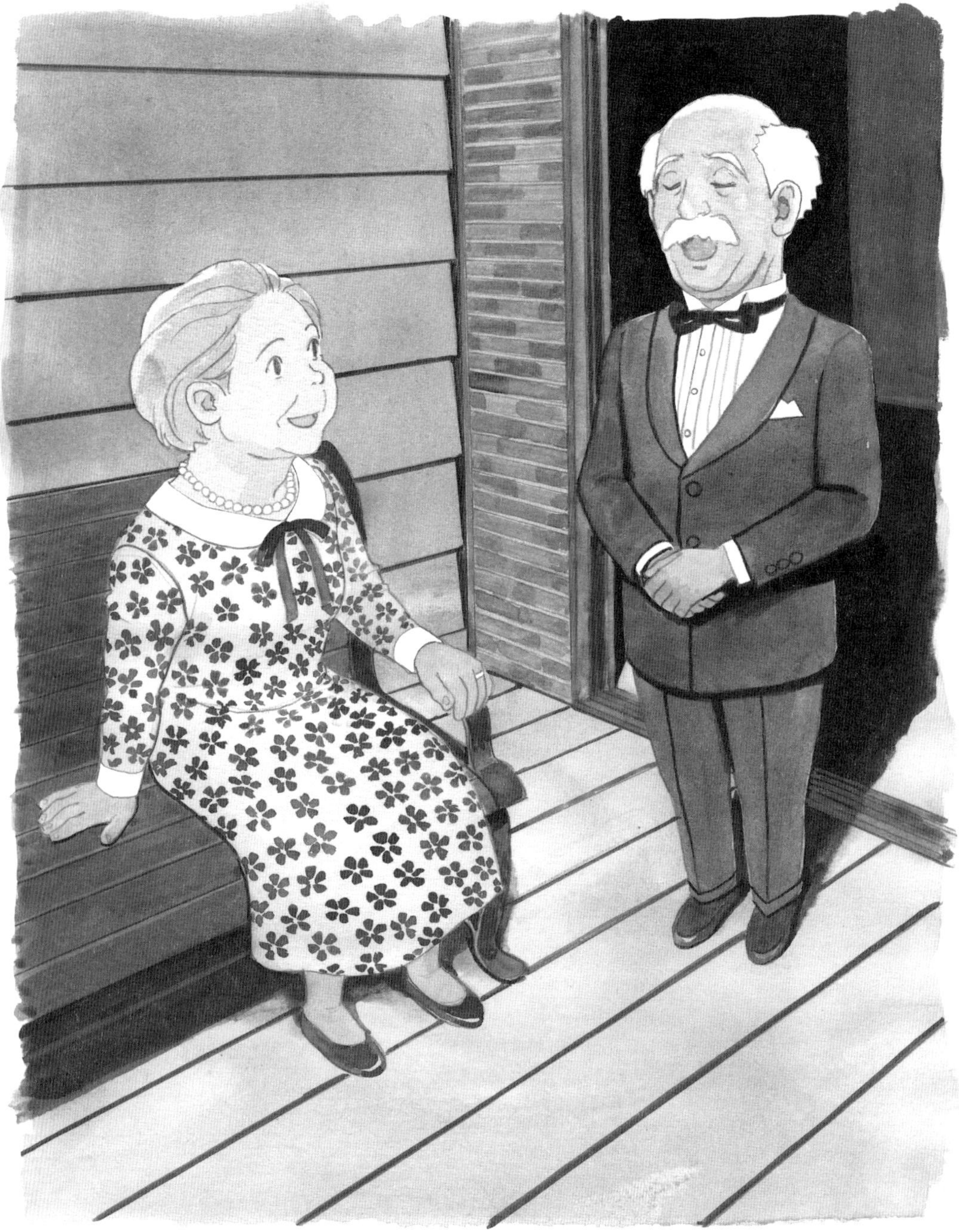

「まあまあ、何十年たっても、あなたってほんとにまじめなんだから。うちの子のいうことなんか、てきとうに聞いておけばいいのよ」

「そうはまいりません」

そのとき、テーブルの上の電話が鳴りました。

マリさんが受話器《じゅわき》をとると、それはちょうど今うわさをしていた、息《むす》子《こ》からでした。

「ママ？　新しい家はどう？　ムシャッ。ママがよぶんな家具《かぐ》はいらないっていうから、なにもつけなかったよ。カリッ。でも、テレビはほんとにいらないの？　ムシャッ」

ムシャッも、カリッも、ピーナッツを食べる音です。

マリさんの息子《むすこ》も、マリさん同様《どうよう》、ピーナッツが大すきでした。

「え、なあに？」

「だからさ、カリッ、テレビは……」

「え？　もっと大きな声でいって
ちょうだい」

「え、聞こえないの？　ムシャッ。

いやだなあ。ママ、耳が遠くなっ
ちゃったの？」

「だから、なあに？」

「もう……しょうがないなあ。カリッ。あ、ごめん。記者会見《きしゃかいけん》がはじまる時間だからこれで切るよ。また電話する」

　息子《むすこ》は、それだけ早口でいうと、ガチャンと電話を切ってしまいました。

けれども、マリさんのほうは受話《じゅわ》器《き》をもったまま考えこんでしまいました。

じつはマリさんは自分でもこの数日、耳が遠くなったような気がしていたのです。

とくに右の耳はまったく聞こえなくて、買いものにいってもお店の人の話がよくわかりません。

ラジオもボリュームをあげないと聞こえません。

はずかしいのでだまっていますが、自分で自分のおならの音も、聞こえ

ないくらいなのです。

でも、そんなことをいえば、親孝行《おやこうこう》な息子《むすこ》がすぐに「いい医者《いしゃ》をそちらにいかせる」とか、「大学病院《びょういん》でみてもらえるようにするよ」とか、いってくるにきまっています。

マリさんはそんなふうにさわがれるのが大きらいでした。

それに第一《だいいち》、「どんなぐあいなの？」と聞かれて、「自分で自分のおならが聞こえないのよ」なんて、はずかしいことがいえるはずがありません。

だから、こまったなと思いつつ、だまっていたのでした。

さて、その一時間後。

ようやく、にもつのかたづけをおえたマリさんは、うきうきしながらいいました。

「中村《なかむら》さん。わたし、にもつのかたづけがすんだから、このあたりを散《さん》歩《ぽ》してくるわ。あそこに森の中につづく小道が見えているじゃないの」

「はい。おくさま。おともいたします」

「そんなことしなくていいわ。中村《なかむら》さんは、ものおきのそうじでもしていてちょうだい」

「でもそれでは、ぼっちゃまにしかられます。おくさまは、ヨーロッパを訪問《ほうもん》した際《さい》に、大統領《だいとうりょう》の邸宅《ていたく》の前で、テロリストにゆうかいされそうになったことを、おわすれですか？」

「そんなのは、むかしの話よ。わたしはひとりで森を散歩《さんぽ》するのを、ずっと楽しみにしていたの」

それだけいうと、こまった顔の中村《なかむら》さんをしり目に、マリさんはステッキがわりのかさをもって、玄関《げんかん》をでました。

2

家の前に広がる大きなカラマツの森には、人がひとり通れるくらいの気持《きも》ちのいい小道が、おくにむかってつづいていました。

マリさんは木の葉《は》や小えだをふみしめながら、歩きだしました。

「ああ、森はいいわねえ。土の道を歩くのは何年ぶりかしら? あら、あの鳥はなにかしら?」

春の森では、たくさんの小鳥が巣《す》を作ったり、えさをさがしたり、いそがしそうにとび回っていました。

ピピピピピ。カッコウ、カッコウ。ホーホケキョ。

でもその声が、マリさんには、やはり小さくしか聞こえません。

「ああ、やっぱり耳のお医者《いしゃ》さんにいったほうがいいのかしら」

マリさんはまた心配《しんぱい》になりました。


それから五分ほど歩いていくと、道のよこにポツンとひとつ、小さな家がありました。

その小ささといったら、なんと、屋根《やね》のてっぺんがマリさんの背《せ》の高さくらいしかありません。

しかも、きみょうなことに、その屋根《やね》からは白くて長いえんとつが二本、ちょうどウサギの耳のようにつきだしていました。

「まあ、かわった家だこと」

家の前には、かんばんが立ててありました。

マリさんはめがねをかけて、かんばんの字を読んでみました。

ウサギ医院
ウサギ、サル、
モグラほか森の動物
の診察をします
ついでに人間も
みてもいいです

「なになに、『ウサギ医院《いいん》。ウサギ、サル、モグラほか森の動物《どうぶつ》の診察《しんさつ》をします。ついでに人間もみてもいいです』ですって！　まあ、こんなところに病院《びょういん》があるんだわ」

マリさんは考えました。

「そうだわ。わたしの耳、ここのお医者《いしゃ》さんにみていただきましょう。息子《むすこ》に知られるとめんどうくさいし、ここでこっそりなおしてもらえばいいんだわ」

マリさんはそうきめると、みづくろいをしてコホンとひとつ小さなせきをしてから、すまし顔で玄関《げんかん》よこの小さなベルをおしました。

ニン、ジーン！

中でチャイムが鳴りました。

ところが、だれもでてきません。

マリさんは首をかしげながら、家のよこに回ってまどから部屋《へや》の中を

のぞいてみました。

するとびっくり。

中では、白衣《はくい》をきたウサギのお医者《いしゃ》さんがゆかであおむけになって、おもいバーベルをあげたりさげたりしていました。

マリさんがまどガラスをコンコンたたいても、ウサギのお医者《いしゃ》さんはむちゅうになってバーベルをあげつづけています。

マリさんはしかたなく、まどの外でかさをふり回したり、とびはねたりしました。

すると、とうとう、ウサギのお医者《いしゃ》さんはまどの外のマリさんに気づきました……が。

「あっ」

と、びっくりしたひょうしに力がぬけて、ゆかとバーベルの間に首をはさんで、うごけなくなってしまいました。

「うぐ……ぐ……」

「まあ、たいへん！」

マリさんはおどろいて玄関《げんかん》からとびこむと、ゆかとバーベルのすきまからウサギのお医者《いしゃ》さんをひっぱりだしました。

「先生！　だいじょうぶですの？」

けれども、ウサギのお医者《いしゃ》さんは目を白黒させるばかりで、なにも答えません。

「ウサギの先生！　聞こえないんですか？　先生も耳が遠いんですか？　わたしは耳が遠いのをなおしてもらいたいんです。でも、先生の耳が遠いんなら帰りますよ！　自分の耳をなおせない先生が、人の耳をなおせるわけないんですから！」

するとウサギのお医者《いしゃ》さんは両方《りょうほう》の耳に手をやると、コルクのせんをひっぱりだしました。

「すみません。わたしたちウサギは耳が長くて、遠くの音もよく聞こえます。でも、あまり聞こえすぎるとうるさいので、家の中ではこうして耳せんをして、気がちらないようにしているのです」

「まあ。それより首はだいじょうぶですの？　お医者《いしゃ》さんをよびましょうか？」

「しつれいな。わたしが医者《いしゃ》ですよ。で、なにしにいらっしゃいましたか？」

「なにって、病気《びょうき》をみてもらおうと思って……」

「え？　ではあなたは、わたしに病気《びょうき》をなおしてもらおうと思ってきたのですか？」

それを聞いたマリさんは少しふあんになりました。

けれども、ウサギのお医者《いしゃ》さんは、大はしゃぎです。

マリさんのスカートをひっぱりながらいいました。

「ぜひ、みさせてください。うれしいなあ。ほんとに人間がくるなんてゆめみたいだ！　さあ、すわってすわって。あなたはメスですね？」

「女性《じょせい》といってください！」

「ああ、しつれいしました。で、どこがわるいんですか？　たしかに、毛のつやはわるいし、鼻《はな》の頭もかわいているようですが？」

「まあ！　わたしは犬ではありません！」

「ああ、しつれいしました。食べものはちゃんと反《はん》すうして食べていますか？」

「まあ！　わたしは牛ではありません！」

「ああ、しつれいしました。とにかく、どこがわるいのか、早くいってくださいよ」

「あなたがよけいなことを聞くから、いうひまがないんじゃないですか！先生、わたし、近ごろ耳が遠いんです」

　するとウサギのお医者《いしゃ》さんはポーンと一メートルもとびあがって、さけびました。

「耳ですって？　やったー。きゃっほーい。あなたは運《うん》がいい。耳は、わたしの得意《とくい》分野ですよ！」

「得意《とくい》分野？」

「そうです。これを見てください」

そういって、ウサギのお医者《いしゃ》さんは自分の長い耳をひっぱりました。

「ここまできたえあげた、りっぱな耳をもっているウサギは、そんなにたくさんはいないんですよ。わたしは一キロ先を歩いているバッタがジャリにつまづいてころんだ音だって聞こえます」

「まあ、ほんとですの？　バッタがころぶときって、どんな音がするんですの？」

「もちろん、バッタリっていいます」

マリさんは思わず、ウサギのお医者《いしゃ》さんの長い耳をつねりたくなりましたが、とにかく治療《ちりょう》してもらわないといけないので、がまんしました。

それに、たしかにウサギのお医者《いしゃ》さんの耳は、そのへんのウサギよりも、はるかに長くてりっぱなのです。

「先生、今、耳をきたえあげるっておっしゃいましたが、耳って、きた

えられるものなんですか？」

「もちろん、耳はきたえられます。強い耳を作れば、遠くの音も聞こえます。このあたりは野犬がいますからね、耳が遠いと気づかなくて、おそわれちゃいますよ。さあ、さっそくわたしのような耳にしましょう」

そういうとウサギのお医者《いしゃ》さんは、マリさんをゆかにすわらせると、なわで柱《はしら》にぐるぐるまきにしばりつけました。

「あら、なにをなさるんです？」

「まあまあ、わたしをしんじてくださいって」

ウサギのお医者《いしゃ》さんはマリさんの前にいすをかさねて、上にのぼりました。

それからマリさんの両方《りょうほう》の耳をギュッとにぎると、思いっきり上にひっぱりました。

「ソレ！」

「キャー、いたいいたい！」

「がまんしてください。耳が遠いのは耳がみじかいからです。わたしたちのように長くなれば、たくさんの音をキャッチできるんですよ」

「でも、いたいいたい！」

「がまんです、がまん」

それからだいぶたって、ウサギのお医者《いしゃ》さんはようやく、なきわめくマリさんの耳から手をはなしてくれました。

するとどうでしょう。

なんと、マリさんの耳はまるで悪魔《あくま》のように、上に三十センチものびていたのです。

「さあ、これでもうだいじょうぶ。遠くの音もよく聞こえるはずですよ」

たしかに、ウサギのお医者《いしゃ》さんの声は、とてもよく聞こえました。

でも、マリさんは、それどころではありません。

「こんなはずかしい耳を人に見られたら、どうしたらいいの！　もう、いや。これでしつれいします！」

「あ、お代《だい》をおねがいします」

「まあ、お代《だい》ですって？　人の耳をこんなふうにしておいて？」

「そうです。りっぱな耳になったでしょ。それならどこのウサギにあっても、うらやましがられますよ」

「はあ……しかたないわ。おいくらですの？」

「ニンジン十本です」

「まあ、お金でなくていいんですの？」

「だって、お金なんか食べられないじゃないですか」

「わかりました。明日おとどけします」

　マリさんはさよならのあいさつもそこそこに、ぼうしで耳をかくして家に帰りました。

とちゅう、森の鳥たちの声がまるでどなっているようで、うるさくてたまりません。

ウサギのお医者《いしゃ》さんがふだんは耳せんをしているわけが、よくわかりました。

家についたマリさんは、中村《なかむら》さんに耳を見られないように部屋《へや》にとびこむと、夕飯《ゆうはん》も食べずにベッドに入ってしまいました。

3

つぎの日、マリさんの耳はもとの形にもどっていました。

「ああ、よかった」

でも、それと同時にまた、耳が遠くなっていました。

やっぱり、ラジオの音がよく聞こえません。

「へんねえ、きのうのことはゆめだったのかしら?」

それでもマリさんはニンジンを十本、紙ぶくろに入れると、かさをステッキがわりにして森へでかけていきました。

森の中を十分ほど歩いていくと、ウサギの病院《びょういん》はちゃんとありました。

きのうのことは、ゆめではなかったのです。

まどから中をのぞくと、中では、あのお医者《いしゃ》さんが、けがをした子リスのしっぽになにかの草のしるをぬっているところでした。

「あら、治療中《ちりょうちゅう》だわ。それじゃ、じゃましちゃいけないわね」

マリさんは、ドアノブにニンジンのふくろをぶらさげてウサギ医院《いいん》の前をはなれると、もう少し、森のおくまで歩いてみることにしました。

するとどうでしょう。

小さなさかを一度《いちど》のぼって、ちょっとくだったところで、びっくり！

なんと、べつの病院《びょういん》があったのです。

今度《こんど》のたてものはウサギの病院《びょういん》より屋根《やね》がひくくて、マリさんの肩《かた》くらいまでしかありません。

そのかわり、よこに長くて、まんなかが太くてりょうはしが細く、黄色いかべに茶色い屋根《やね》がのって、まるでサツマイモのようでした。

イタチ医院
イタチ、タヌキ、
キツネほか森の
動物をみます
ついでにたまには
人間もみてあげた
りしようかなあ

「まあ、病院《びょういん》がもう一けんあるなんて、気づかなかったわ。それなら、きのう、こっちにくればよかったわ。いくらなんでも、きのうよりらんぼうなお医者《いしゃ》さんはいないでしょうからね。さて、なんて書いてあるのかしら？」

マリさんはめがねをかけて、おもてのかんばんを読んでみました。

「えーと『イタチ医院《いいん》。イタチ、タヌキ、キツネほか森の動物《どうぶつ》をみます。ついでにたまには人間もみてあげたりしようかなあ』ですって。ちょっとふあん……。でも、とにかく入ってみましょう」

マリさんは、玄関《げんかん》のドアをあけながらいいました。

「ごめんください」

すると、中ではイタチのお医者《いしゃ》さんがストーブでサツマイモをやいていて、マリさんのほうを見もせずにいいました。

「おや、いらっしゃい。においでここをかぎつけたんですね。ひときれ、

さしあげましょう」

イタチのお医者《いしゃ》さんは大きい声でそういって、サツマイモのきれはしをさしだしました。

よく見ると、どのサツマイモも、はじっこやひげのところばかりで、おいしそうには見えません。

「あ、けっこうです」

「けっこう？　ケッコーっていうのは、にわとりさんですか？」

「いえ、もうもう」

「モウモウっていうのは、牛さんですか？」

「なにをいってるんです！　わたしは人間です」

それを聞いたイタチのお医者《いしゃ》さんは、あわてて、めがねをとりだしました。

「お、これはおどろいた。人間だ。人間がなにしにいらしたんですか？」

「なにしにって……。ここはお医者《いしゃ》さんなんでしょう？　わたし、患者《かんじゃ》ですけど」

「ええ？　患者《かんじゃ》？　それはたいへんだ。人間の患者《かんじゃ》がくるなんて。ちょっとまってくださいい。先にやることをすませてしまいますから」

そういうと、イタチのお医者《いしゃ》さんは、おくの部屋《へや》に声をかけました。

「さあ、入院《にゅういん》しているみんな、食事《しょくじ》だよ！」

するとと、やせこけたキツネやタヌキがおくからでてきて、サツマイモ

のかけらをうけとりました。

「食べたらみんな、あたたかくしてすぐにねるんだ。早く栄養失調《えいようしっちょう》をなおさないとね」

食事《しょくじ》をすませると、キツネもタヌキも、イタチのお医者《いしゃ》さんに頭をさげて、おくの部屋《へや》にもどっていきました。

「さて、おまたせしました。どうしましたか？」

「先生。じつはわたし、さいきん、耳が遠くなってこまっているんです」

「ほう。耳が遠い？　どんなぐあいですか？」

そう聞かれてマリさんは、

(このお医者《いしゃ》さんは、きのうの先生よりまともだわ)

と思って、うれしくなりました。

「あの、とってもはずかしいんですが、自分で自分のおならの音も聞こえないくらいなんです」

「ほうほう。おならの音が聞こえない……。それはおこまりでしょう。おまかせください。わたしの得意分野《とくいぶんや》ですよ」

そういうとイタチのお医者《いしゃ》さんは、薬《くすり》のたなに手をやりました。

そこには、ペットボトルや調味料《ちょうみりょう》入れやシャンプーの入れものなど、人間のゴミすて場からひろってきたとしか思えない容器《ようき》がならんでいました。

イタチのお医者《いしゃ》さんはその中から、インスタントコーヒーのびんをとりだしました。

中には小さなつぶが、たくさん入っていました。

「これを朝ばん、ひとつぶずつのんでください」

「まあ、のむだけ？」

「はい。かんたんでしょ」

「ええ。きのうはぐるぐるまきにされて、耳をひっぱられて、ひどい目

にあったけれど、これならいたくないわ。お代《だい》はやっぱり、ニンジンがよろしいのかしら？」

「ニンジン？　いいえ。サツマイモ十本でおねがいします」

「わかりました。明日おとどけしますわ」

マリさんは薬《くすり》をうけとると、足どりもかるく家に帰りました。

そのばん、マリさんはイタチのお医者《いしゃ》さんにもらった薬《くすり》をのんでみました。

するとびっくり。

ブオー。ブオー。ブオー。

今まで聞こえなかった自分のおならの音がとてもよく聞こえるようになったのです。

「まあ、聞こえるわ。耳がなおったんだわ。なんてうれしい！」

マリさんが居間《いま》でよろこんでいると、中村《なかむら》さんが自分の部屋《へや》から、けげんな顔で、でてきました。

「おくさま。だいじょうぶですか？　なにか、みょうな音がしましたが……」

「音？　いえいえ、なにもしませんよ」

マリさんはあわてて首をよこにふると、大よろこびで寝室《しんしつ》にいきました。

ところがどうでしょう。

朝になって気がつきました。

ブオー、ブオーと、自分のおならの音はよく聞こえるのに、ラジオの音はやっぱりよく聞こえないのです。

「おかしいわねえ。あとで先生にうかがってみましょ」

マリさんは、ステッキがわりのかさとサツマイモが入った紙ぶくろをもつと、またイタチ医院《いいん》をたずねました。

中では、イタチのお医者《いしゃ》さんが、今日もサツマイモのしっぽをやいていました。

マリさんは、やくそくのサツマイモをさしだしました。

「おお、こんな大きなおイモをありがとうございます」

イタチのお医者《いしゃ》さんは、大よろこびしました。

おくの部屋《へや》のドアのすきまから、キツネやタヌキがゆびをくわえて、

こちらをながめていました。

「でも、先生。きのうのお薬《くすり》、ちょっとへんなんですが……」

「へんですって？　まさか、薬《くすり》をのんだのに、おならの音が聞こえないんですか？」

「いいえ。おならの音は聞こえます」

「それならいいじゃないですか」

「でも、ほかの音はやっぱり聞こえないんです。ちゃんと耳がよくなるお薬《くすり》をいただきたいと思いまして……」

「耳がよくなる薬《くすり》ですって？　そりゃ、なんの話です？」

「え、きのう、いただいたのは耳のお薬《くすり》じゃないんですの？」

「とんでもない。きのうさしあげたのは耳をよくする薬《くすり》じゃありません。おならの音を大きくする薬《くすり》です。おならが聞こえなくてこまってるんでしょ？」

「ちょっと先生！　どこの世界《せかい》に、おならの音を大きくしたい人がいるんですの！」

マリさんは思わずどなりました。

「え？　いっぱいいますよ。すくなくともイタチの世界《せかい》では、おならの音が小さいのははずかしいことです」

「なにをいってるんですの！　わたしは人間ですよ！　イタチといっしょにするなんてひどいですわ！」

マリさんは、すごいけんまくでおこりだしました。

「あ、あの、あの……薬《くすり》をのむのをやめれば、おならの音はもとにもどりますから……」

「そういう問題《もんだい》じゃございません！」

あんまりマリさんがどなるので、イタチのお医者《いしゃ》さんはなにもいいかえせません。

ただ、せっかくもらったサツマイモをとりかえされないように、ひっしでかかえこんでいました。

マリさんはプンプンしながら、イタチ医院《いいん》をでました。

4

イタチ医院《いいん》をでたマリさんは、気分てんかんに、もう少し森のおくまで歩いてみることにしました。

そして、小さなさかをのぼって、ちょっとくだったところで、また、びっくりしました。

なんと、病院《びょういん》がもう一けんあったのです！

今度《こんど》のたてものは今まででいちばん小さくて、屋根《やね》のてっぺんがマリさんの腰《こし》の高さぐらいまでしかありません。

こい茶色のかべにうすい茶色の屋根《やね》がのっていて、ちょうどドングリ

リス医院
リス、ノネズミ、
トカゲを診察
します
ついでに人間も
みたりなんか
しちゃいます

が地面《じめん》にうまっているような形でした。

「まあ、病院《びょういん》がもう一けん、あるなんて」

マリさんはさっそくめがねをとりだして、かんばんの字を読んでみました。

「なになに、『リス医院《いいん》。リス、ノネズミ、トカゲを診察《しんさつ》します。ついでに人間もみたりなんかしちゃいます』ですって。……だいじょうぶかしら。まあ、いいわ。入ってみましょ。今度《こんど》こそ、ちゃんとした先生だといいんだけど」

マリさんは、地面《じめん》にひざをついてドアをあけると、家の中に顔だけつっこんでいいました。

「こんにちは」

するとどうでしょう。

中ではリスのお医者《いしゃ》さんがゆかの上にはらばいになって、手足をバタ

バタさせていました。

　マリさんは首をかしげながらたずねました。

「こんにちは。あの……なにをなさってるんですの？」

「見ればわかるでしょう。クロールのれんしゅうをしているんですよ」

　けれども、その声がマリさんにはよく聞こえません。

「え、なんですって？」

「クロールのれんしゅう！」

「クロワッサンのシチュー？」

リスのお医者《いしゃ》さんはむっとしながら、おきあがっていいました。

「どんな耳をしているんです？　そんなシチューがありますか。一度《いちど》、医者《いしゃ》に耳をみてもらったらどうですか！」

「ええ、ええ。ですから耳をみてもらいにきたんです。よく聞こえなくてこまっているんです。あなた、医者《いしゃ》なんでしょ？」

「あ？　ああ、そうでした。わたしが医者《いしゃ》でした。……でも、いいんですか？　わたしなんかで」

そういわれると、マリさんも心配《しんぱい》になりました。

「あの……わたし、帰ってもいいんですけど……」

「いえいえ。とんでもない。やっぱり、わたしがやりましょう。……そうだ、いいことを思いついたぞ！　ああ、わたしはなんて頭がいいんだろう。耳が遠いんですね。それならいちばん簡単《かんたん》なのは、補聴器《ほちょうき》をつけることです。わたしが作ってさしあげましょう」

「まあ、補聴器《ほちょうき》ですって」

「ええ、ちょっとまっててください」

そういうと、リスのお医者《いしゃ》さんはつくえのひきだしから、クルミをひとつ、とりだしました。

それをもって、外にいるマリさんのところまででてくると、まんなかに大きな前歯《まえば》を立てました。

カパッ！

クルミは音を立ててふたつにわれました。

「うふふ、これがおいしいんですよ」

リスのお医者《いしゃ》さんは、中身《なかみ》を食べはじめました。

カリカリ、ムシャムシャ、パクパク。

カリカリ、ムシャムシャ、パクパク。

リスのお医者《いしゃ》さんがうっとりしながら、あんまりいつまでも食べてい

るので、マリさんは気が気ではありません。

「あの、お食事中《しょくじちゅう》すみません。わたしの補聴器《ほちょうき》は？」

リスのお医者《いしゃ》さんは、口をへの字にしていいかえしました。

「だから、今、作っているじゃないですか」

リスのお医者《いしゃ》さんは、中身《なかみ》をすっかり食べてしまったクルミのからのはじっこに小さなあなをあけて、それぞれに一メートルほどの長さのひもを通しました。

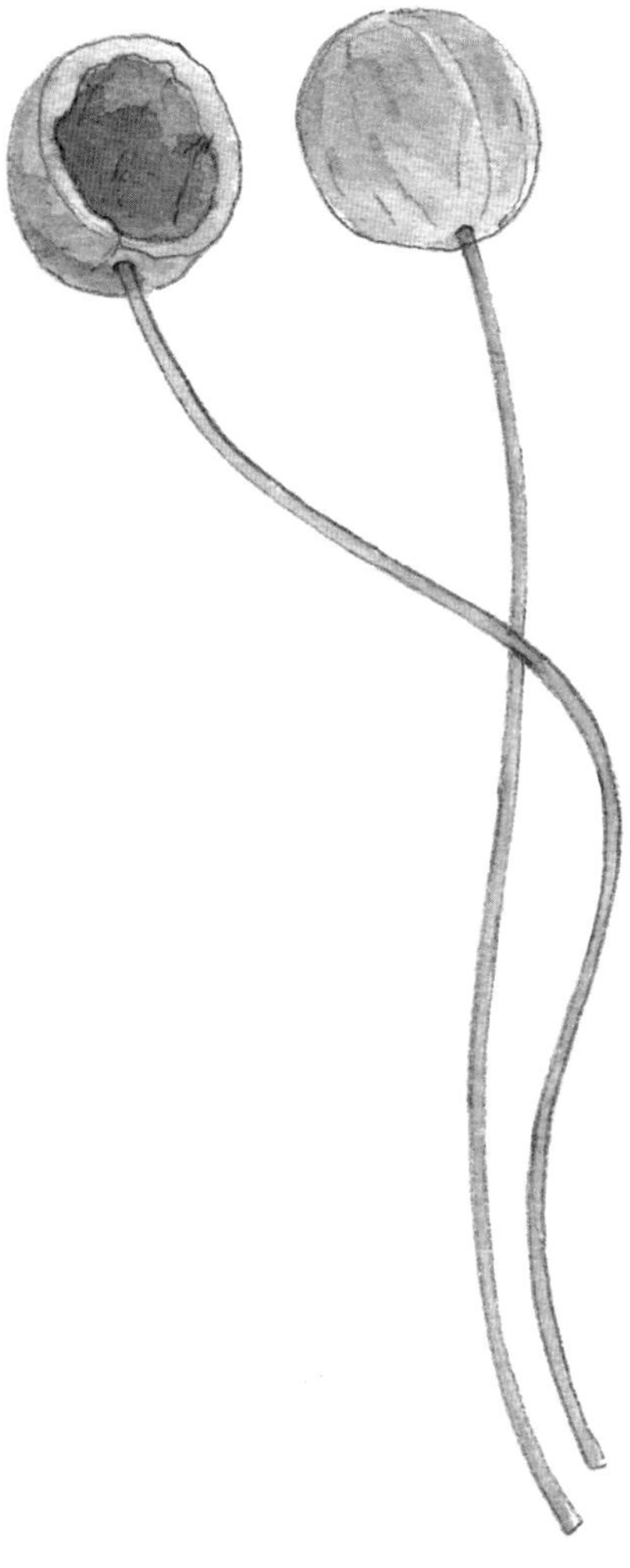

「はい。できあがりですよ」

「え？　これはただ、クルミのからにひもを通してあるだけじゃないですか。これでどうするんですか？」

「はい。まず、クルミのからを両方《りょうほう》の耳にひとつずつはめてください」

マリさんは、いわれた通りにしました。

「つぎに、たれさがっているひものはしを、スカートのポケットかバッグに入れてください」

これも、マリさんはいわれた通りにしました。

「では、もうだいじょうぶ。これでみんなの声がよく聞こえますよ」

「でも、電池はいらないんですか？」

「電池なんていりません。これでだいじょうぶですよ」

「まあ、ほんとですか？　ありがとうございます。お代《だい》はニンジンにしましょうか？　それとも、サツマイモのほうがいいですか？」

「なにをいってるんです？　クルミにきまっているじゃないですか」

「わかりました。明日おもちします」

なんだかうそっぽいなあと思いながら、マリさんは家にもどってきました。

それから、中村《なかむら》さんに運転《うんてん》してもらって、スーパーマーケットにクルミを買いにでかけました。

するとどうでしょう？

補聴器《ほちょうき》はほんとうにやくに立ったのです。

その補聴器《ほちょうき》をつけていると、スーパーのレジでも、そのあとにいったパン屋《や》さんや喫茶店《きっさてん》でも、

「いらっしゃい。ちょうどパンがやきあがりましたよ」

とか、

「コーヒーにミルクはお入れしますか？」

とか、話しかけてくる店員《てんいん》さんの声が、とてもよく聞こえたのです。

「まあ、すばらしい。ほんとに人の声がよく聞こえるわ」

マリさんは大よろこびです。

でも、ふしぎなこともありました。

そのばん、マリさんはそっとおならをしましたが、その音は聞こえなかったのです。

「おかしいわ。きのうとは反対《はんたい》だわ。おならの音は聞こえないのに、人の声は聞こえるって、どういうことかしら？」

つぎの日、マリさんはやくそくのクルミをもって、リスのお医者《いしゃ》さんのところにいきました。

リスのお医者《いしゃ》さんは今度《こんど》はたてものの外で、地面《じめん》にはらばいになってひらおよぎのれんしゅうをしていました。

おどろいたことに、たくさんのノネズミやヤマネやテンもいっしょでした。

「こんにちは。水泳《すいえい》のれんしゅうなら、水の中でなさったらいかがですの?」

するとリスのお医者《いしゃ》さんは大声でいいかえしました。

「なにをいってるんです? およげないのに水に入ったら、おぼれちゃうじゃないですか? こうして地面《じめん》の上でおよげるようになってから、水に入れば安心《あんしん》でしょ!」

「はあ……。そうかしら? それはそうと先生、きのう作っていただいた補聴器《ほちょうき》ですけど、人の声はよく聞こえるのに、それ以外《いがい》の音はあまり聞こえないんですよ。どういうわけでしょう?」

するとリスのお医者《いしゃ》さんは、あきれた顔でいいました。

「そりゃそうですよ。あれはべつに、まわりの音が大きく聞こえるよう

になってるわけじゃありません。電池が入ってないんですから。ただ、『補聴器《ほちょうき》のように見える』ってとこがポイントなんです。あれをつけてると、まわりの人は（ああ、この人は耳がわるいんだなあ）と思って、大きい声でしゃべってくれるんです。だから、よく聞こえるんですよ。あはは」

そういってリスのお医者《いしゃ》さんは得意《とくい》そうにわらいました。

それを聞いたマリさんは、思わずひっくりかえりそうになりました。

「まあ、それってなんですの？　治療《ちりょう》でもなんでもないじゃありませんか！　もう、いや！　このあたりには、まともなお医者《いしゃ》さんはいないの!?」

ついにマリさんは、カンシャク玉をはれつさせて、かさをふり回しはじめました。

ビューン、ビューン。

リス医院
リス、ノネズミ、トカゲを診察します
ついでに人間もみたりなんかしちゃいます

リスのお医者《いしゃ》さんや動物《どうぶつ》たちは、あわてふためくばかりです。

「わあ、やめてください。やめてください」

「ひどいわ！　ひどいわ！」

マリさんの大声を聞いて、森のむこうから、イタチのお医者《いしゃ》さんが走ってきました。

「大声をだしてどうしたんですか？　あ、おならの音を大きくしたいおばあさんですね？」

マリさんはイタチのお医者《いしゃ》さんをにらみつけました。

「じょうだんじゃないわ。おならの音を大きくしたいわけないでしょ！」

そのうしろからウサギのお医者《いしゃ》さんも走ってきました。

「どうしたんです？　耳がいたくなるくらいの大声が聞こえましたよ。あ、耳を長くしたいおばあさんですね？」

「じょうだんじゃないわ。あんな悪魔《あくま》みたいに耳を長くしたいわけない

でしょ！　いったい、あなたたちはほんとに医者《いしゃ》なの!?」

マリさんがどなりつけると、とたんに三びきのお医者《いしゃ》さんは、しょんぼりしてしまいました。

やがて、リスのお医者《いしゃ》さんがおずおずといいました。

「すみません。ほんとはちがいます……」

「じゃあ、なんで病院《びょういん》なんかやってるのよ！」

「だって、けがをする動物《どうぶつ》がふえてるんですから、だれかが手当てするしかないじゃないですか！」

「え、どういうこと？」

「人間のせいですよ。このあたりの森はもともと、とてもしずかなところで、わたしたち動物《どうぶつ》はのんびりとくらしていました。でもさいきん、都会《とかい》からきた人間たちが森をきりひらいて家をたて、ほそう道路《どうろ》や排水《はいすい》路《ろ》を作ったりしはじめました。おかげで、わたしたちの仲間《なかま》はエサがと

れなくなったり、車にはねられたり、排水路《はいすいろ》でおぼれたり、えらい目にあっています」

「まあ……」

「だから、わたしたち三びきが見よう見まねで医者《いしゃ》をはじめたんです。森の木の実《み》がなくなっても生きのびられるように、食べられるものを開《かい》発《はっ》したり、体をきたえる方法《ほうほう》も教えています」

「うーん……。そういわれると、人間もわるいような気がしてきたわ。どうしたらいいのかしら？　わたしにできることがあるかしら？」

「いいんですよ。おばあさんはニンジンやサツマイモやクルミをくれたんですから」

「やさしいのね。きついことをいってごめんなさいね」

マリさんは、すっかりしょげかえってしまいました。

と、そのときです。

「はあはあ……。たいへんでーす。はあはあ、おくさま、おくさま。どこですかー？」

マリさんがふりむくと、中村《なかむら》さんがいきを切らして走ってきました。

5

「まあ、中村《なかむら》さん！　どうしてここへ？」

「ああ、よかった。おくさま。やっぱりこの道でしたか。おくさまがでかけてすぐ、ぼっちゃまからお電話がございました。きょうはたまたま一時間くらい時間があいたので、これからおくさまのお顔を見にいらっしゃるとのことでございます。すでにヘリコプターで出発《しゅっぱつ》して、今、近くのヘリポートに到着《とうちゃく》し、こちらに車でむかっておられます。早くおもどりください」

「まあ、そうだったの。お医者《いしゃ》さんたち、わたし、きゅうに用事《ようじ》ができ

たのでいかなきゃならないの。また、あそびにきますね」

マリさんは、いそいであいさつすると、あわてておじぎをかえす動物《どうぶつ》たちをおいて、森の中の小道をトコトコ歩きだしました。

すると、そのときです。

ドーン！

森のむこうのほうから大きな音がしました。

マリさんと中村《なかむら》さんは、思わず顔を見あわせました。

「なにかしら？　なんだかいやな予感《よかん》がするわ」

「はい。なにか事故《じこ》がおきたのかもしれません。いってみましょう」

ふたりが車道にでてみると、道路《どうろ》わきに黒ぬりの高級車《こうきゅうしゃ》がとまっていて、そばで男たちが数人、さわいでいました。

ガードレールの一部《いちぶ》がこわれていて、がけの下からけむりが立ちのぼっていました。

「まあ、どうしたの？」

マリさんが声をかけると、それに気づいた男が、すぐに気をつけの姿《し》勢《せい》をしていいました。

「これはおくさま」

「あら、山田《やまだ》さん。あなたは今、なにをしているんでしたっけ？」

「厚生大臣《こうせいだいじん》でございます。それよりおくさま、たいへんです。総理《そうり》が乗《の》っている車が運転《うんてん》をあやまって、今、がけからおちてしまいました！」

「まあ！　ここからおちたの？」

おどろいたマリさんが道路《どうろ》ぎわからがけの下を見おろすと、がけの中《ちゅう》腹《ふく》に生えている大きな木に、車がひっかかっているのが見えました。

うまいぐあいに、はるか下の谷底《たにぞこ》にはおちずにすんだのです。

けれども、おそろしいことに、車をのせた木は、幹《みき》が半分ほどさけ、今にもおれてしまいそうでした。

幹《みき》がおれたら、今度《こんど》こそ人も車も、岩がごろごろした谷底《たにぞこ》に一気におちてしまうでしょう。

「おーい、たすけてくれー」

運転手《うんてんしゅ》が車からはいだしてきて、手をふっていました。

「まあ、どうしましょう？ うちの子が見えないけれど、車の中かしら？ だいじょうぶなのかしら？」

マリさんは、がけ下の車にむかって大声でさけびました。

「ぼくちゃーん！ だいじょうぶなのー？ 今、ママがたすけてあげますからねー」

マリさんは、パッとかさをひらきました。

これをパラシュートのかわりにして、息子《むすこ》のところにとびおりようというのです。

おどろいた厚生大臣《こうせいだいじん》が、手を広げて通せんぼをしました。

「おくさま、おまちください！　今、消防署《しょうぼうしょ》にレスキュー部隊《ぶたい》を要《よう》請《せい》しました。まもなく到着《とうちゃく》します。そうしたら、すぐにロープでたすけあげることができます。どうぞ、ご安心《あんしん》ください」

　ところが、木につかまっていた運転手《うんてんしゅ》が下からさけびました。

「だめだー、木がミシミシいってて、もう、おれそうだー。早くたすけてくれー」

　そういえば、車と人をのせてがけからつきだしていた木は、さっ

きよりもかたむいたようでした。

「たいへん！　これじゃレスキュー部隊《ぶたい》がくる前に、木がおれて車が谷《たに》底《ぞこ》までおちてしまうわ！」

と、そのときです。

キーキャッキャッ、キーキャッキャッ。

いきなり、森から、たくさんのサルたちが、道路《どうろ》にとびだしてきました。

「まあ。なにかしら、このサルたちは？」

するとうしろから声がしました。

「森のレスキュー部隊《ぶたい》ですよ」

マリさんたちがふりむくと、いつのまにか、さっきの三びきのお医者《いしゃ》さんと森の動物《どうぶつ》たちがあつまっていました。

動物《どうぶつ》たちも大きな音におどろいて、ようすを見にきたのです。

「森のレスキュー部隊《ぶたい》ですって？」

「ええ。わたしたちには、わたしたちのレスキュー部隊《ぶたい》があります。けがをした動物《どうぶつ》を、すぐに病院《びょういん》につれてこられるように作ったんです。さっき、出動《しゅつどう》を要請《ようせい》しました」

「まあ」

キーキャッキャッ、キーキャッキャッ。

マリさんたちが見ていると、まず、一ぴきの大きなサルが、道路《どうろ》わきにはえている木に両手《りょうて》でがっしりとつかまりました。

そして、つぎのサルが、大きなサルの足をもちました。

つぎのサルも、そのつぎのサルも、足をもってつながり、そのまま、がけの下へとサルばしごを作っていきました。

そして、どんどん長くなっていったサルばしごが、車がひっかかっている木の幹《みき》のところまでたどりつきました。

さいごのサルは運転手《うんてんしゅ》にむかって「早くのぼれ」というように目で合図をしました。

運転手《うんてんしゅ》はサルたちがおりてくるのをあっけにとられて見ていましたが、もう、えんりょしている場合ではありません。

車の座席《ざせき》で気をうしなっている総理大臣《そうりだいじん》をまどからひっぱりだすと、背中《せなか》にかついで、「よいしょ、よいしょ」と、サルばしごをのぼっていきました。

その間にも、木はミシミシと音を立てています。

そして運転手《うんてんしゅ》がサルばしごを道路《どうろ》までのぼりきった、そのとき……。

メリメリメリ……。

車は、おもさにたえかねておれた木といっしょに、谷底《たにぞこ》へおちていきました。

ドーン!!

谷底《たにぞこ》から大きな土けむりが立ちのぼりました。

ほんとうにあぶないところでした。

マリさんは、たすけあげられて車道にねかされた息子に、だきつきました。

「ああ、よかった。たすかったわ！　ぼくちゃん、さあ、目をあけてちょうだい！」

厚生大臣《こうせいだいじん》もさけびました。

「総理《そうり》、総理《そうり》。しっかりしてください！」

ところが総理大臣《そうりだいじん》は目をあけません。

そのうち、いっしょにいた運転手《うんてんしゅ》がボソッといいました。

「……総理《そうり》は、いきをしていないようなんですよ」

「えっ、なんですって！」

マリさんは総理大臣《そうりだいじん》の鼻《はな》に手を当ててみました。

「ほんとだわ！　いきをしていないわ！　きっと、がけからおちたとき、どこかに頭をぶつけたんだわ！　ああ、どうしたらいいの？　お医者《いしゃ》さんはまだこないのかしら！」

マリさんがなきだしました。

そのとき、また、うしろから小さな声がしました。

「医者《いしゃ》なら、ここにいますけど……」

「えっ」

マリさんがふりむくと、そこには、あの三びきのお医者《いしゃ》さんが立っていました。

マリさんは、手でなみだをふきながらいいました。

「ああ、そうね、あなたたちがいたわね。おねがいするわ。うちの子をたすけてちょうだい！」

そこで三びきのお医者《いしゃ》さんが、いきがとまったままの総理大臣《そうりだいじん》に近づこうとすると、おどろいた厚生大臣《こうせいだいじん》があわててそれをとめました。

「おまちください。おくさま。総理《そうり》はこの国の最高責任者《さいこうせきにんしゃ》です。そのいのちを、動物《どうぶつ》にまかせるなんてどうかしています。あと五分もすれば、救急車《きゅうきゅうしゃ》がやってまいりますから」

それを聞いたマリさんは、カッとなっていいかえしました。

「あなたは、なにをいってるの！　あと五分もいきがとまっていたら、しんじゃうでしょ！　レスキュー部隊《ぶたい》だって、動物《どうぶつ》のほうが早かったじゃないの。さあ、動物《どうぶつ》の先生方。責任《せきにん》はわたしがとるから、うちの子をみてちょうだい」

しかりつけられた厚生大臣《こうせいだいじん》はことばもなく、ひきさがりました。

入れかわりに三びきのお医者《いしゃ》さんが、きんちょうしながら総理大臣《そうりだいじん》の体の上に乗《の》りました。

そして総理大臣《そうりだいじん》の鼻《はな》のあたりのにおいをかぐと、すぐに口をそろえていいました。

「ピーナッツのにおいがする！」

「うん、しおをまぶしたピーナッツだ！」

「それも鼻《はな》のあなのおくからだ！」

「どこかに頭をぶつけたんじゃない！　鼻《はな》のあなにピーナッツがつまって、いきができないんだ！」

「どうする？」

三びきのお医者《いしゃ》さんは、かわるがわる総理大臣《そうりだいじん》の鼻《はな》のあなをのぞき、一、二度《ど》うなずきあうと、道路《どうろ》わきにいたおおぜいの動物《どうぶつ》の中から、いちばん大きなイノシシをよびました。

「おーい、ちょっときてくれ」

「わしになにか用かね？」

大きなイノシシが体をゆさぶりながらでてきました。

「うん。この患者《かんじゃ》は鼻《はな》のあなにピーナッツがつまっている。あんたの鼻《はな》いきで、すいだせないかね？」

「ふうん。ふくのは得意《とくい》だが、すうのはどうかなあ。でもまあ、やってみるか」

イノシシは総理大臣《そうりだいじん》の鼻《はな》に、自分のやわらかい鼻先《はなさき》をぴったりくっつけると、思いっきり、いきをすいこみました。

ブォーッ。

なにやらそうじきのような大きな音がしたかと思うと、つぎのしゅんかん……

プップップップップップッ。

イノシシはピーナッツを五つぶ、立てつづけに地面《じめん》にはきだしました。

うまく、すいだせたのです。

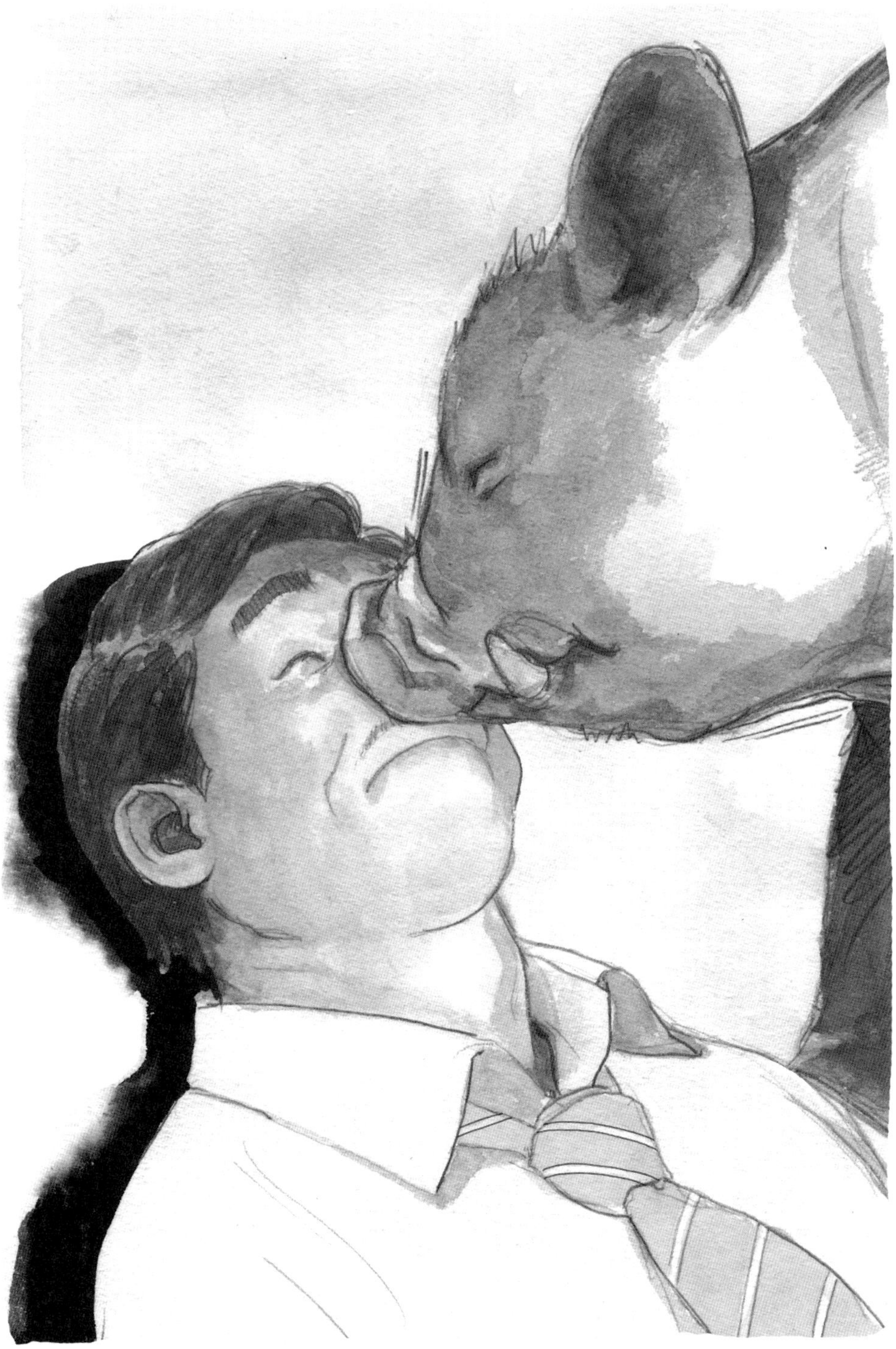

「よし、今度《こんど》はぎゃくに、空気をおくりこんでくれ」

「おう、そっちのほうが得意《とくい》だ」

ブォーッ！

イノシシはもう一度《いちど》、やわらかい鼻先《はなさき》を総理大臣《そうりだいじん》の鼻《はな》におし当てると、今度《こんど》は思いきり、いきをふきこみました。

するとどうでしょう。

しばらくすると、総理大臣《そうりだいじん》の体がピクピクうごきだして……。

「ゴホッ、ゴホッ」

はげしいせきとともに、総理大臣《そうりだいじん》が目をあけました。

「ああ、よかった！」

マリさんがだきつきました。総理大臣《そうりだいじん》は、目をさましたとたん母親にとびつかれて、びっくりです。

「ありゃ。ママ。どうしてここにいるの？」

「なにをいってるの！　あなたは車ごと、がけからおちたのよ」

「あ、思いだした。そうだった」

「そのとき、あなたはいつものくせで、車の中でピーナッツを食べていたでしょう！」

「あ、そうだよ。国会のさいちゅうは、なかなか食べられないもの……。でも、どうしてそんなことを知っているの？」

「車がおちたひょうしに、あなたが口いっぱいにほおばっていたピーナッツが鼻《はな》のあなにつまっちゃったのよ。あなたはもう少しで、しぬところだったのよ。ほんとにぎょうぎのわるい子なんだから」

「あ、そうだったんだ！」

「そうよ、それをたすけてくれたのは、だれだと思う？　あなたがすきな、大学病院《びょういん》のえらい先生たちじゃないのよ」

「え、だれなの？　さっそくおれいをいわなきゃ」

「ほら、うしろを見てごらんなさい。あそこに立ってる先生たちよ」

マリさんはなきわらいしながら、総理大臣《そうりだいじん》のうしろをゆびさしました。

総理大臣《そうりだいじん》がふりむくと、木の下に立っていたウサギとイタチとリスのお医者《いしゃ》さんが、そろって「ピース！」をしました。

イノシシやサルたちも、手をふりました。

「えっ、あれ、なに？ ぼく、目がヘンになったかな。もしかして動物《どうぶつ》じゃないか？ ママ、これ、どういうこと？」

「だから、あの動物《どうぶつ》たちが、あなたをたすけてくれたのよ」

「そんなばかかな。厚生大臣《こうせいだいじん》。あの動物《どうぶつ》たちがわたしをたすけてくれたというのかね？」

厚生大臣《こうせいだいじん》がこまったような顔でいいました。

「はあ。それがそうなのでございます」

「これはおどろいた。動物《どうぶつ》の医者《いしゃ》なんて！ でも、ママ。人間の医者《いしゃ》な

らお金をはらうけど、動物《どうぶつ》たちにはどんなおれいをしたらいい？」

「それそれ。そこのところをこれから家でゆっくり話しましょう。わたしはもう、あのお医者《いしゃ》さんたちののぞみを聞いてあるのよ」

「ふうん」

ふたりのやりとりを聞いていた森の動物《どうぶつ》たちが、今度《こんど》はガッツポーズをしました。

ピーポー、ピーポー。

そこに、人間のレスキュー部隊《ぶたい》の車が、サイレンを鳴らして近づいてきました。

それを見た森の動物《どうぶつ》たちは、おおぜいの人間とかかわりあいになるのはごめんだとばかりに、いっせいに森の中にとびこんで、すがたをけしてしまいました。

6

その後、総理大臣《そうりだいじん》と厚生大臣《こうせいだいじん》はマリさんの家で、動物《どうぶつ》たちが森に病院《びょういん》を作ったわけを聞きました。

総理大臣《そうりだいじん》はしばらく腕組《うでぐ》みをして考えていましたが、首をよこにふりながらいいました。

「動物《どうぶつ》たちのいいたいことはわかる。でも、森をきりひらくな、道路《どうろ》を作るな、家をたてるな、排水路《はいすいろ》を作るなったって……。そりゃむりだ」

「でも、あなたのいのちをたすけてくれた動物《どうぶつ》たちの、のぞみなのよ」

「そうだね、ママ。だから、動物《どうぶつ》たちのいうことをまるまる聞くことは

できないけどさ、これからは『森には動物《どうぶつ》たちもくらしているんだ』ってことを考えながら政治《せいじ》をするよ」

「それだけのことで、なにか、かわるかしら？」

「もちろんさ。この国には人間と動物《どうぶつ》の両方《りょうほう》がすんでいて、どっちか片《かた》方《ほう》だけが一方的《いっぽうてき》にしあわせになるなんて、おかしい。人間がそう思っているだけでも、ずいぶんちがった世《よ》の中になるものさ」

「そうかしらね。でも、ぼくちゃん。とりあえず治療費《ちりょうひ》は、ちゃんと、はらうのよ。ニンジン百本、サツマイモ百本、クルミ百ぷくろくらいね」

「ええ？　そんなに？」

「いのちをたすけてもらったんだから、それくらいやすいものよ。それから、山田《やまだ》さん」

「はい、おくさま」

「あなたは厚生大臣《こうせいだいじん》だから、ちょうどいいわ。あの三びきのお医者《いしゃ》さん

をおうえんしてあげてね。薬《くすり》もゆずってあげてちょうだい」

「は、はい。総理《そうり》、それでよろしいでしょうか？」

「よろしい。その通りにやってください」

こうして、総理大臣《そうりだいじん》のツルのひと声で、森の中の三びきのお医者《いしゃ》さんは、正式《せいしき》なお医者《いしゃ》さんとしてみとめられることになりました。

もちろん、人間もみてもらえます。

ただし、診察料《しんさつりょう》はお金ではなく、ニンジンやサツマイモやクルミですけれども……。

この決定《けってい》を知った動物《どうぶつ》たちは、大よろこびしました。

というわけで、今でもこの森の中には、ウサギとイタチとリスの病院《びょういん》があって、あたりの動物《どうぶつ》たちの診察《しんさつ》をしています。

水田《みずた》マリさんの家の前の森の小道を入っていけば、だれでもまよわずにつくことができます。

森の中の
3びきのお医者さん
ウサギ医院
ちょっと先
イタチ医院
もうちょっと先
リス医院
さらにもうちょっと先

さて、これでこの話はおしまいです。

でも、さいごにもうひとつだけ、つけくわえておかなければなりません。

マリさんの耳のことです。

それからしばらくして、マリさんはひさしぶりに都会《とかい》にでました。

そこでたまたま「耳鼻科《じびか》」と書いた病院《びょういん》のかんばんを見つけました。

「そうだわ。動物《どうぶつ》のお医者《いしゃ》さんとちがって人間のお医者《いしゃ》さんなら、わたしの耳をどんなふうにみてくれるのかしら？　まさか、柱《はしら》にしばりつけたりはしないでしょう」

そこで、マリさんは診察《しんさつ》をおねがいしました。

すると人間のお医者《いしゃ》さんは「どれどれ、ちょっと拝見《はいけん》」といってマリさんの耳をのぞいていましたが、やがて「ははあ、原因《げんいん》がわかりました」といってピンセットをつかむと……。マリさんの右の耳のあなか

ら、ピーナッツを一つぶ、ひっぱりだしました。

「これですね。これが右の耳のあなをふさいでいたから、音がよく聞こえなかったんです」

「まあ」

ピンセットでピーナッツをとってもらったとたん、あたりの音が大きくはっきりと聞こえてきて、マリさんはよろこびでいっぱいになりました。

マリさんはいつか、口いっぱいにピーナッツをほおばったままくしゃみをしたとき、とびだしたたくさんのピーナッツがかべに当たって、顔にはねかえってきたのを思いだしました。

たしか、そのあとから耳が聞こえにくくなったのです。

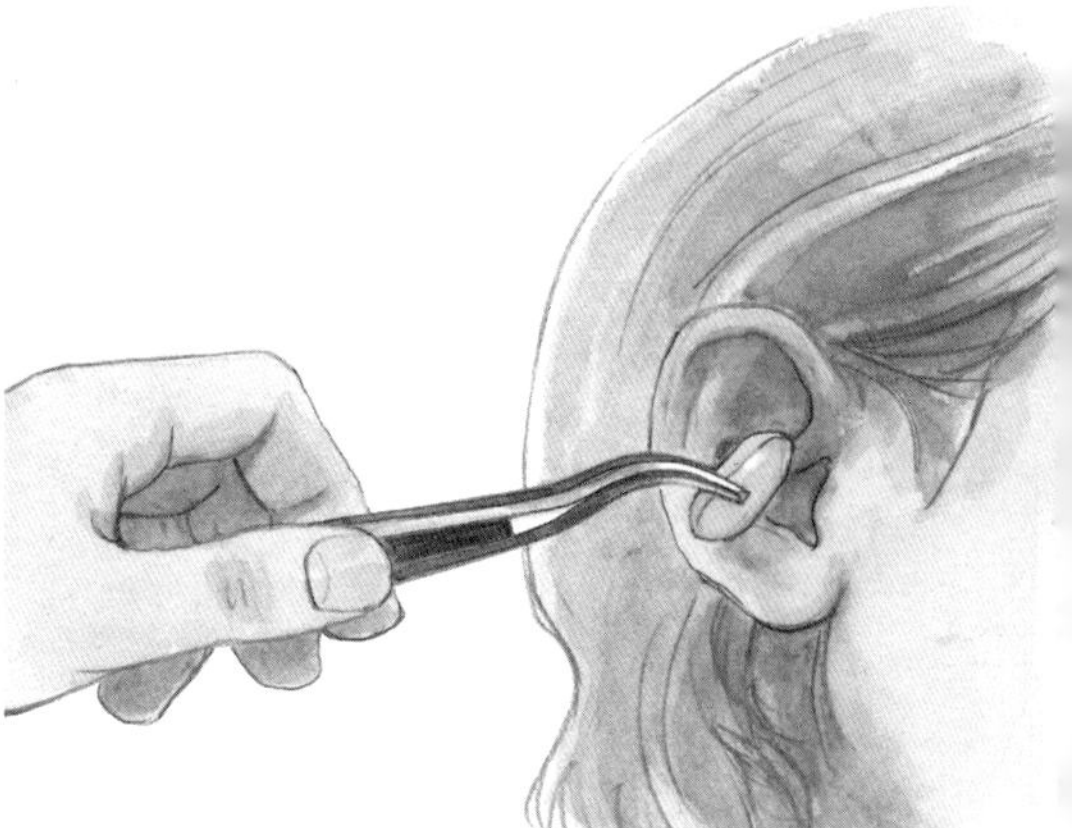

マリさんは自分のそそっかしさに声もでません。

「なんとまあ……。それじゃ、あのときのピーナッツが一つぶ、耳のあなの中にとびこんで、それで音が聞こえなかったってわけね。そういえば、動物《どうぶつ》のお医者《いしゃ》さんたちはだれひとり、わたしの耳の中をのぞこうとはしなかったわねえ。まったく、こまったお医者《いしゃ》さんたちだこと」

マリさんは、ステッキがわりのフリルのついた洋《よう》がさをもっておもてにでると、くすくすわらいながら、にぎやかな町の通りを歩きだしました。

杉山 亮（すぎやま あきら）

1954 年、東京生まれ。1976 年より保父として保育園に勤務。手作りおもちゃ屋「なぞなぞ工房」を主宰。『のっぺらぼう』（ポプラ社）で第 16 回日本絵本賞および読者賞、『空を飛んだポチ』（講談社）で第 56 回産経児童出版文化賞ニッポン放送賞を受賞。作品に『たからものくらべ』（福音館書店）、「怪盗ショコラ」シリーズ（あかね書房）、「こども講談」シリーズ（フレーベル館）、「ミルキー杉山のあなたも名探偵」シリーズ（偕成社）など多数。エッセイに『こどもにもらった愉快な時間』（晶文社）など。

大矢 正和（おおや まさかず）

1969 年、東京生まれ。日本大学理工学部建築学科卒業。卒業後、フリーイラストレーターになり、多方面で活躍中。装画を担当した作品に『シアター !』（アスキー・メディアワークス）、イラストを担当した作品に『米村でんじろうのＤＶＤでわかるおもしろ実験 !!』、挿し絵を担当した作品に『笑撃・ポトラッチ大戦』『アトランティスの謎』（以上、講談社）など。

こころのつばさシリーズ

3びきのお医者さん

2014年8月30日　第1刷発行

作　者：杉山 亮
画　家：大矢 正和
発行者：岡部 守恭　発行所：株式会社 佼成出版社
〒166-8535　東京都杉並区和田 2-7-1
電　話　03（5385）2323（販売）　03（5385）2324（編集）
http://www.kosei-kodomonohon.com/
装　丁：芝山雅彦（スパイス）
印刷所：株式会社 精興社
製本所：株式会社 若林製本工場

ISBN978-4-333-02668-5　C8393　NDC913/96P/22cm

kosei shuppan

Photographies de reportage :
© Greg Soussan : p. 4.
© Philippe Vaurès-Santamaria : pp. 6, 20, 36, 52.

Natacha Nikouline remercie Habitat - www.habitat.fr -, BHV - www.bhv.fr - et Stéphane Ruchaud.

L'éditeur remercie Manon Sautreau pour son aide précieuse et ses relectures attentives.

Direction : Jean-François Moruzzi
Direction éditoriale : Pierre-Jean Furet
Édition : Christine Martin et Nelly Mégret
Collaboration rédactionnelle : Nicole Seeman
Correction : Caroline Bollaert
Conception intérieure : Patrice Renard
Réalisation intérieure : MCP
Couverture : Claire Guigal
Fabrication : Amélie Latsch

Dépôt légal : juillet 2008
ISBN : 978-2-0162-1118-2
62-66-1118-01-9

Imprimé en Slovaquie par Polygraf print.